Impressum
Verlag: BABADADA GmbH, Nedderfeld 112 , 22529 Hamburg
Geschäftsführer / Verlagsleitung: Harald Hof
Druck: Books on Demand GmbH, In de Tarpen 42, 22848 Norderstedt

Imprint
Publisher: BABADADA GmbH, Nedderfeld 112 , 22529 Hamburg, Germany
Managing Director / Publishing direction: Harald Hof
Print: Books on Demand GmbH, In de Tarpen 42, 22848 Norderstedt, Germany

школа

escola

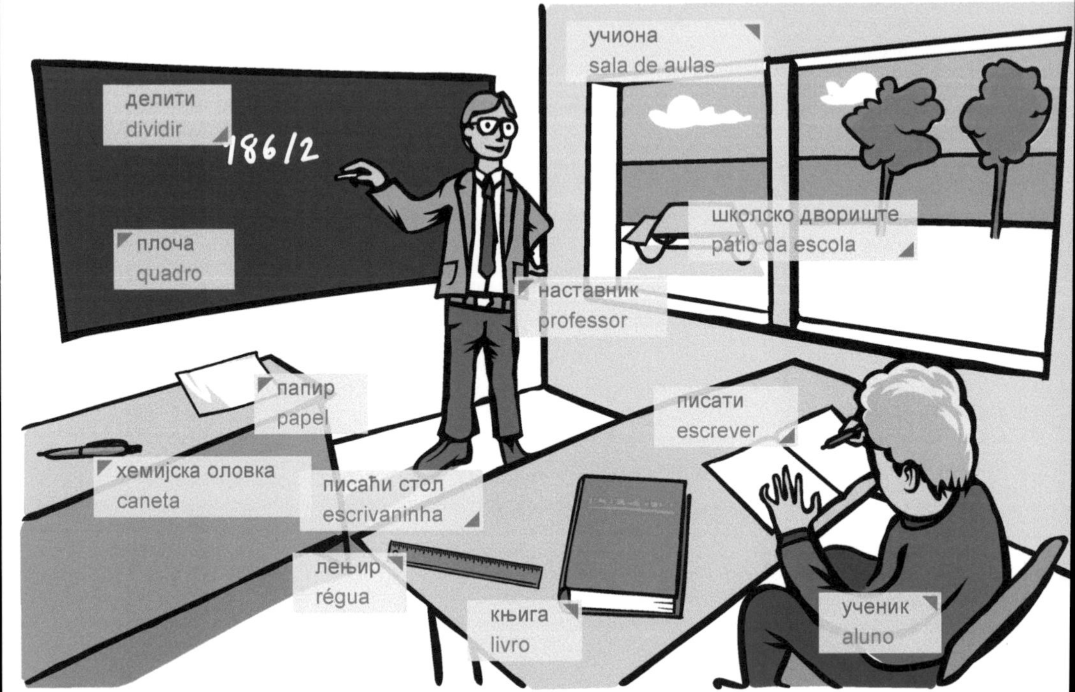

учиона
sala de aulas
делити
dividir
186/2
плоча
quadro
школско двориште
pátio da escola
наставник
professor
папир
papel
писати
escrever
хемијска оловка
caneta
писаћи стол
escrivaninha
лењир
régua
књига
livro
ученик
aluno

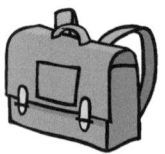

торба

sacola

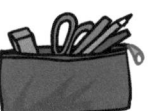

перница

estojo de lápis

графитна оловка

lápis

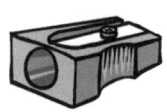

шиљило за оловке

apontador de lápis

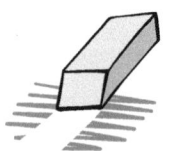

гумица за брисање

borracha

блок за цртање

bloco de desenho

цртеж

desenho

кист

pincel

кутија са бојама

estojo de tintas

маказе

tesoura

лепило

cola

бележница

livro de exercícios

домаћи задатак

lição de casa

број

número

сабирати

somar

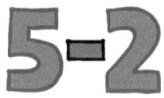

одузимати

subtrair

множити

multiplicar

рачунати

calcular

слово

letra

абецеда

alfabeto

реч

palavra

текст

texto

читати

ler

креда

giz

час

hora

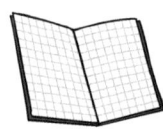

дневник

registro da classe

испит

exame

сведочанство

certificado

школска униформа

uniforme escolar

образовање

educação

лексикон

enciclopédia

универзитет

universidade

микроскоп

microscópio

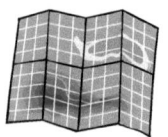

карта

mapa

кошара за папир

cesto de lixo

хотел
hotel

пренoћиште
albergue

ROOMS

мењачница
casa de câmbio

EXCHANGE

кофер
mala

ауто
carro

језик
idioma

да / не
sim / não

океј
ok

здраво
Olá

преводилац
tradutor

хвала
obrigado

Колико кошта...?

quanto custa...?

не разумем

eu não entendo

проблем

problema

добро вече!

boa noite!

Добро јутро!

Bom dia!

Лаку ноћ!

Boa noite!

довиђења

até logo

смер

direção

пртљага

bagagem

торба

bolsa

руксак

mochila

гост

convidado

соба

quarto

врећа за спавање

saco de dormir

шатор

barraca

туристичке информације

informação turística

плажа

praia

кредитна картица

cartão de crédito

доручак

café da manhã

ручак

almoço

вечера

jantar

карта за вожњу

bilhete

лифт

elevador

поштанска маркица

selo

граница

fronteira

царина

alfândega

амбасада

embaixada

виза

visto

пасош

passaporte

транспорт
transporte

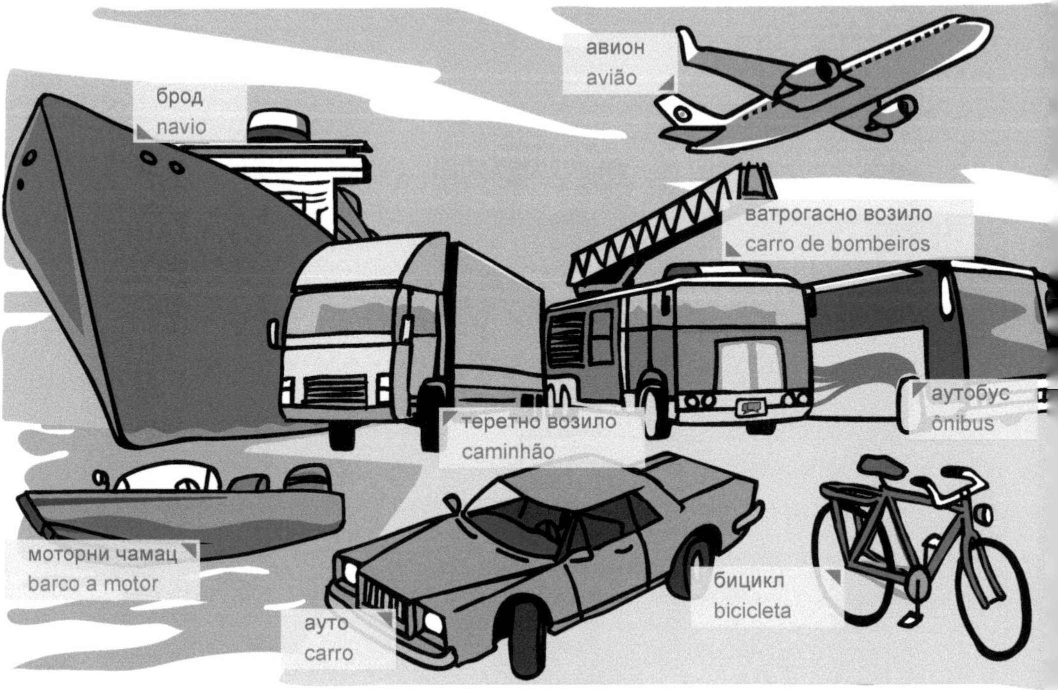

авион
avião
брод
navio
ватрогасно возило
carro de bombeiros
аутобус
ônibus
теретно возило
caminhão
моторни чамац
barco a motor
бицикл
bicicleta
ауто
carro

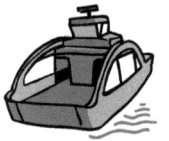

трајект

balsa

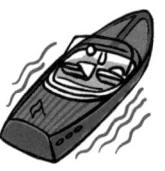

чамац

barco

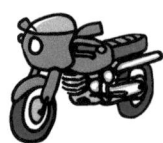

мотоцикл

motocicleta

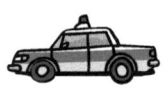

полицијски ауто

veículo policial

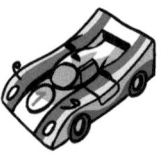

тркаћи ауто

carro de corrida

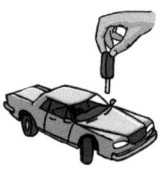

изнајмљено ауто

carro de aluguel

деленье аутомобила

compartilhamento de
automóvel

вучно возило

caminhão de reboque

возило за одвоз смећа

caminhão de lixo

мотор

motor

бензин

combustível

бензинска станица

posto de gasolina

саобраћајни знак

placa de trânsito

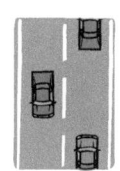

саобраћај

trânsito

застој

trânsito lento

паркиралиште

estacionamento

железничка станица

estação de trem

шине

trilhos

воз

trem

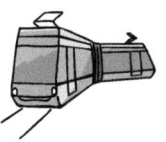

трамвај

bonde

вагон

vagão

хеликоптер

helicóptero

аеродром

aeroporto

кула

torre

путник

passageiro

контејнер

contêiner

картон

cartolina

колица

carroça

корпа

cesto

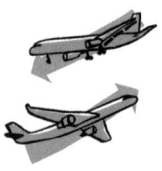

узлетети / слетети

decolar / pousar

град

cidade

село

vilarejo

центар града

centro da cidade

кућа

casa

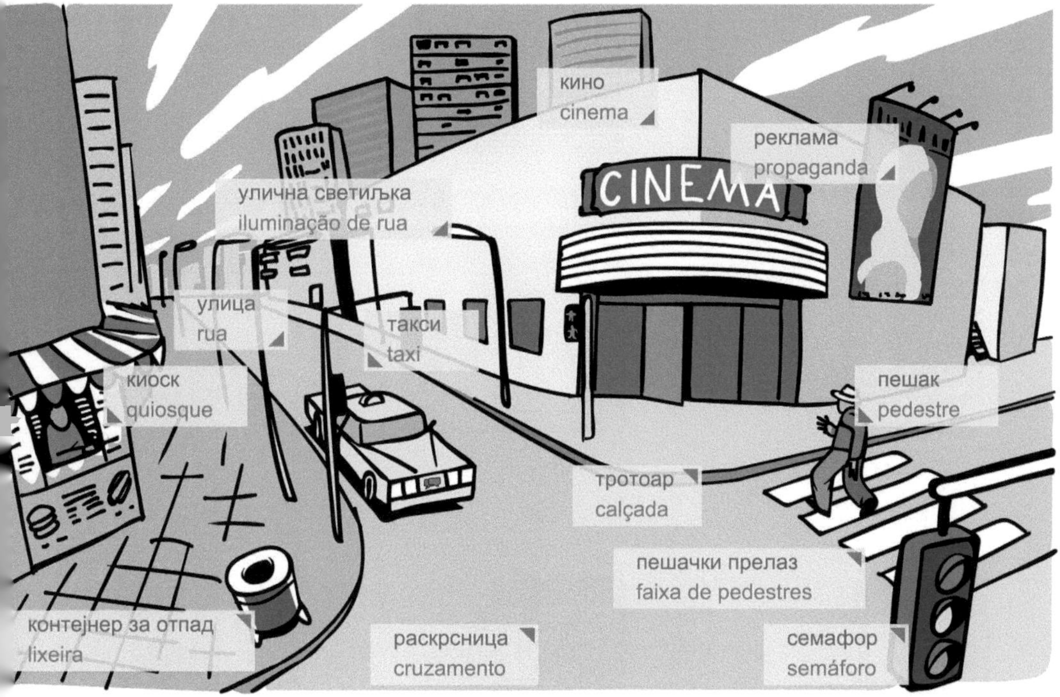

кино / cinema

реклама / propaganda

улична светиљка / iluminação de rua

улица / rua

такси / taxi

киоск / quiosque

пешак / pedestre

тротоар / calçada

пешачки прелаз / faixa de pedestres

контејнер за отпад / lixeira

раскрсница / cruzamento

семафор / semáforo

колиба
cabana

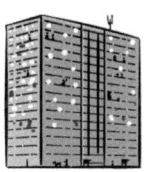

стан
apartamento

железничка станица
estação de trem

већница
prefeitura

музеј
museu

школа
escola

универзитет

universidade

банка

banco

болница

hospital

хотел

hotel

апотека

farmácia

канцеларија

escritório

књижара

livraria

продавница

loja

цвећара

floricultura

супермаркет

supermercado

трг

mercado

робна кућа

loja de departamentos

рибарница

peixaria

трговачки центар

centro comercial

лука

porto

парк

parque

клупа

banco

мост

ponte

степенице

escadas

подземна железница

metrô

тунел

túnel

аутобуска станица

ponto de ônibus

бар

bar

ресторан

restaurante

поштанско сандуче

aixa de correspondência

улични знак

placa de rua

паркирни аутомат

parquímetro

зоолошки врт

zoológico

базен

piscina

џамија

mesquita

сеоско газдинство

fazenda

загађење околине

poluição

гробље

cemitério

црква

igreja

игралиште

parquinho

храм

templo

пејсаж

paisagem

лист
folha

путоказ
placa de sinalização

пут
caminho

ливада
gramado

камен
pedra

шетач
caminhantes

дрво
árvore

река
rio

трава
grama

цвет
flor

долина

vale

планина

montanha

језеро

lago

шума

floresta

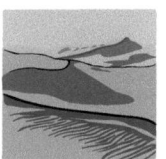

пустиња

deserto

вулкан

vulcão

дворац

castelo

дуга

arco-íris

гљива

cogumelo

палма

palmeira

москито

mosquito

мува

mosca

мрав

formiga

пчела

abelha

паук

aranha

буба

besouro

жаба

sapo

веверица

esquilo

јеж

ouriço

зец

lebre

сова

coruja

птица

pássaro

лабуд

cisne

дивља свиња

javali

јелен

veado

лос

alce

насип

barragem

ветрењача

aerogerador

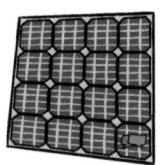

соларна плоча

painel solar

клима

clima

ресторан
restaurante

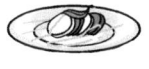

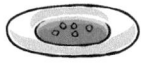

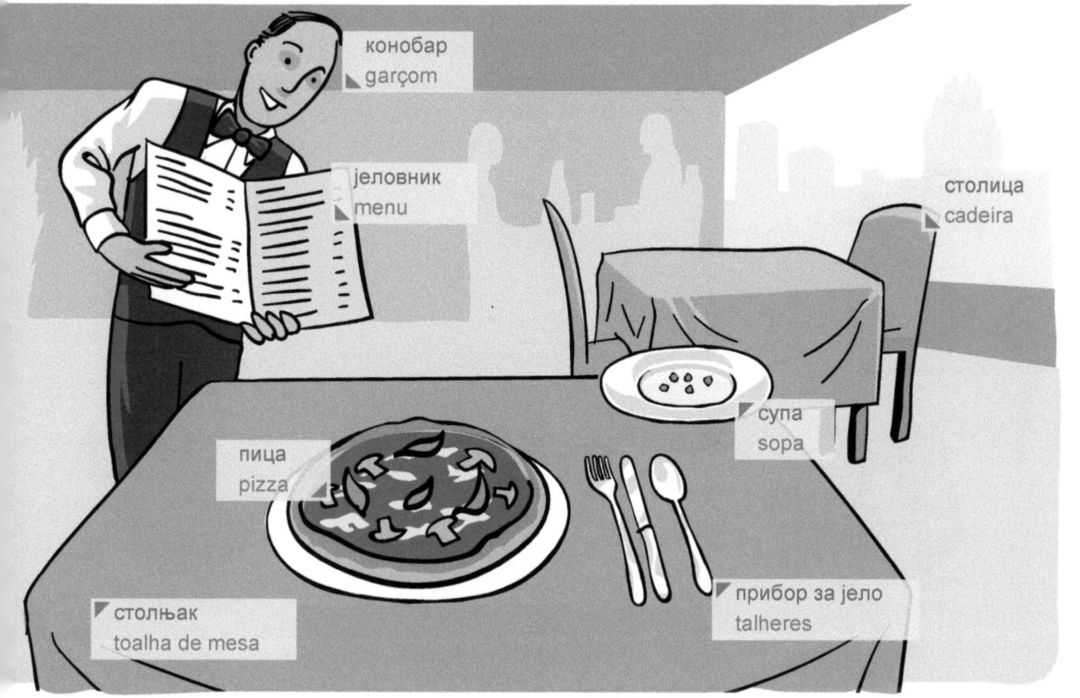
конобар
garçom
јеловник
menu
столица
cadeira
супа
sopa
пица
pizza
прибор за јело
talheres
столњак
toalha de mesa

предјело

entrada

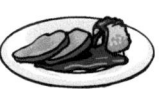

главно јело

prato principal

десерт

sobremesa

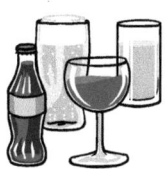

напитци

bebidas

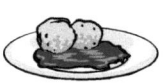

јело

comida

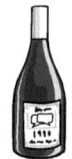

флаша

garrafa

брза храна

fastfood

имбис храна

comida de rua

чајник

bule de chá

доза за шећер

açucareiro

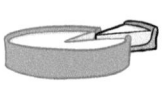

порција

porção

апарат за еспресо

máquina de expresso

висока столица

cadeirão

рачун

conta

послужавник

bandeja

нож

faca

виљушка

garfo

кашика

colher

чајна кашика

colher de chá

салвета

guardanapo

чаша

copo

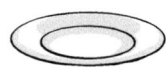

тањир

prato

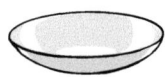

тањир за супу

prato de sopa

тањирић

pires

сос

molho

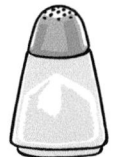

сољенка

saleiro

млин за бибер

moedor de pimenta

сирће

vinagre

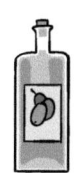

уље

óleo

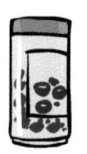

зачини

especiarias

кечап

ketchup

сенф

mostarda

мајонеза

maionese

супермаркет
supermercado

понуда
oferta especial
FOR
купац
cliente
млечни производи
laticínios
воће
frutas
колица за куповину
carrinho de compras

BUTCHERS

месница
açougue

BAKERY

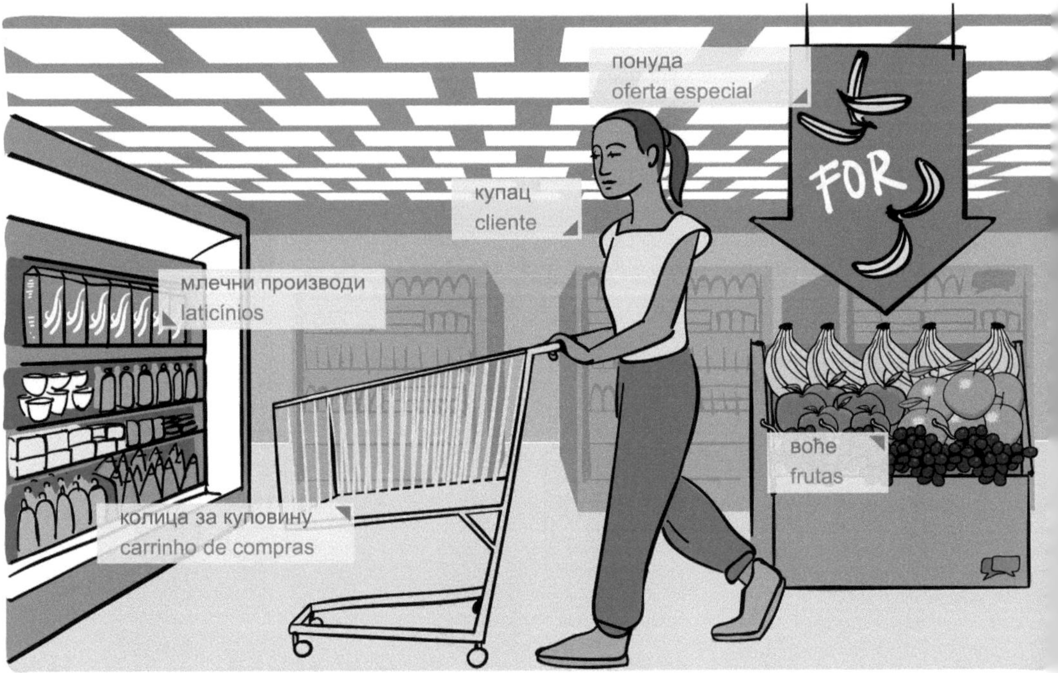

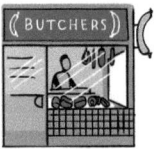

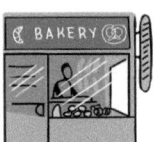

пекара
padaria

вагати
pesar

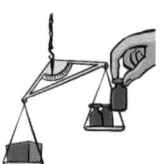

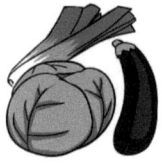

поврће
legumes

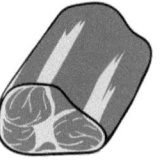

месо
carne

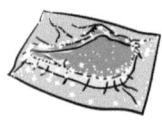

смрзнута храна
congelados

нарезак

charcutaria

конзерве

conservas

средство за прање

detergente em pó

слаткиши

doces

артикли за домаћинство

artigos domésticos

средства за чишћење

produtos de limpeza

продавачица

vendedora

благајна

caixa

благајник

caixa

листа за куповину

lista de compras

време рада

horário de funcionamento

новчаник

carteira

кредитна картица

cartão de crédito

торба

sacola

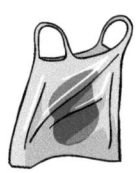

пластична кеса

saco plástico

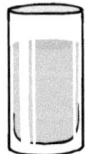

вода

água

сок

suco

млеко

leite

кола

coca-cola

вино

vinho

пиво

cerveja

алкохол

álcool

какао

cacau

чај

chá

кава

café

еспресо

expresso

капучино

cappuccino

банана

banana

jабука

maçã

наранџа

laranja

лубеница

melão

лимун

limão

шаргарепа

cenoura

бели лук

alho

бамбус

bambu

лук

cebola

гљива

cogumelo

орашасти плодови

nozes

резанци

macarrão

шпагете

espaguete

рижа

arroz

салата

salada

помфрит

batatas fritas

печени крумпир

batatas frias

пица

pizza

хамбургер

hambúrger

сендвич

sanduíche

шницла

escalope

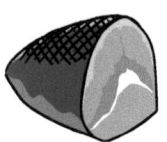

шунка

presunto

салама

salame

кобасица

salsicha

кокош

galinha

печење

assado

риба

peixe

зобене пахуљице

flocos de aveia

мусли

granola

кукурузне пахуљице

flocos de milho

брашно

farinha

кроасан

croissant

пециво

pãozinho

хлеб

pão

тоаст

torrada

кекси

biscoitos

маслац

manteiga

свежи сир

requeijão

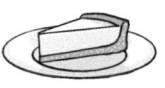

колач

bolo

jaje

ovo

jaje на око

ovo frito

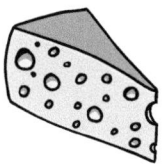

сир

queijo

сладолед

sorvete

шећер

açúcar

мед

mel

мармелада

geleia

нугат крема

creme de avelãs

кари

curry

сеоско газдинство

fazenda

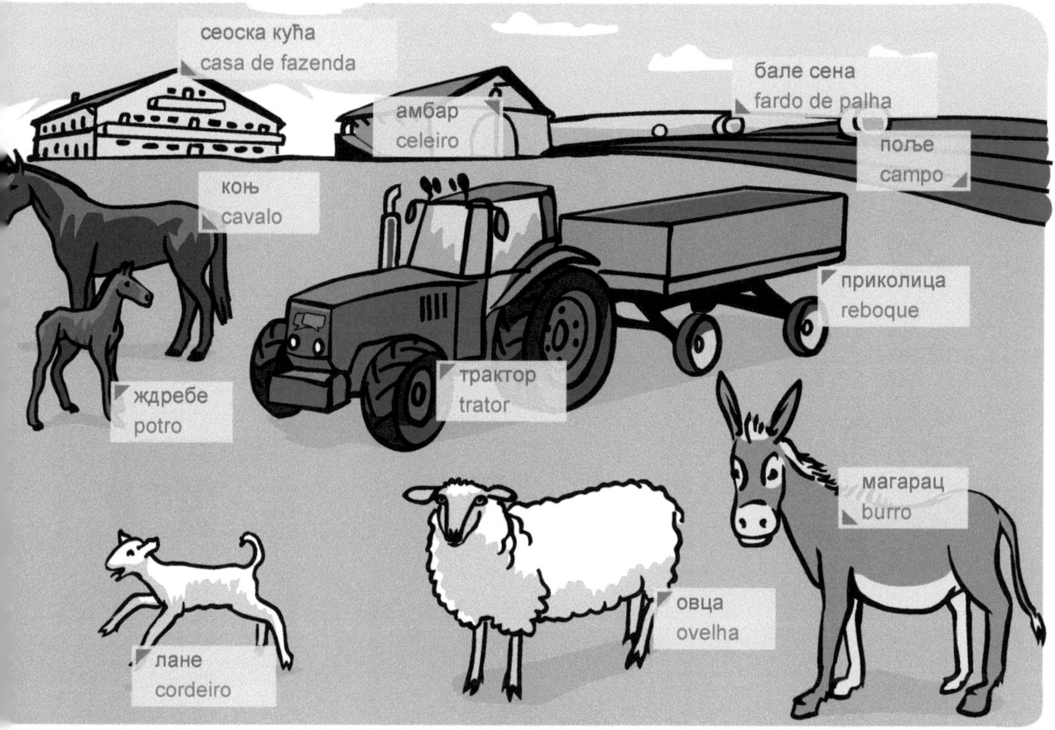

сеоска кућа
casa de fazenda
амбар
celeiro
бале сена
fardo de palha
поље
campo
коњ
cavalo
приколица
reboque
трактор
trator
ждребе
potro
магарац
burro
овца
ovelha
лане
cordeiro

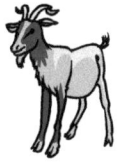

коза

cabra

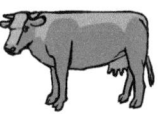

крава

vaca

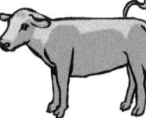

теле

bezerro

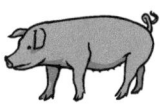

свиња

porco

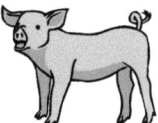

прасе

leitão

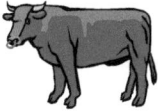

бик

touro

гуска

ganso

патка

pato

пилићи

pintinho

кокош

galinha

петао

galo

пацов

ratazana

мачка

gato

миш

camundongo

во

boi

пас

cachorro

кућица за пса

casinha do cachorro

вртно црево

mangueira de jardim

канта за поливање

regador

коса

foice

плуг

arado

срп

foice

мотика

enxada

виљушка за ђубриво

forquilha

секира

machado

тачке

carrinho de mão

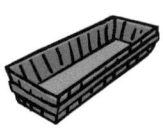

корито

manjedoura

посуда за млеко

jarra de leite

врећа

saco

ограда

cerca

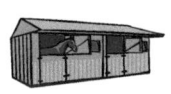

штала

estábulo

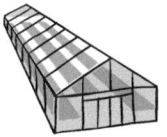

стакленик

estufa

земља

solo

семе

semente

ђубриво

fertilizante

комбајн

colheitadeira

жети

colher

жетва

colheita

јамс зачин

inhame

пшеница

trigo

соја

soja

крумпир

batata

кукуруз

milho

уљана репица

colza

воћка

árvore frutífera

гомољ маниоке

mandioca

житарице

cereais

кућа
casa

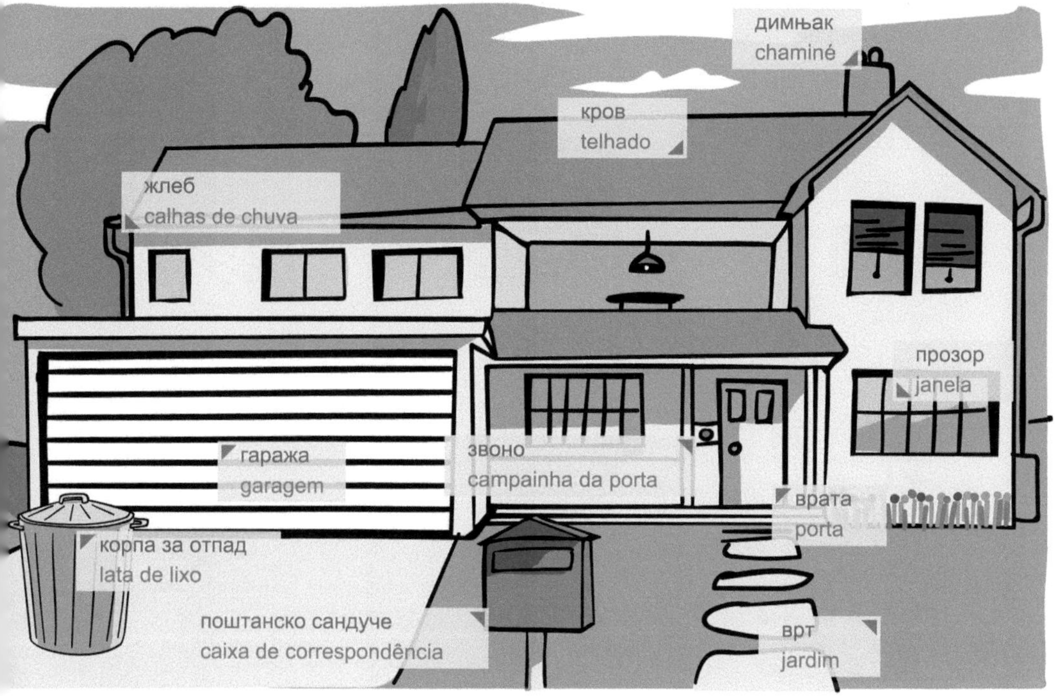

димњак
chaminé
кров
telhado
жлеб
calhas de chuva
прозор
janela
гаража
garagem
звоно
campainha da porta
врата
porta
корпа за отпад
lata de lixo
поштанско сандуче
caixa de correspondência
врт
jardim

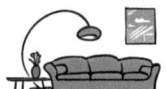

дневна соба

sala de estar

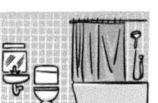

купаоница

banheiro

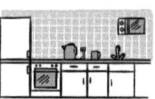

кухиња

cozinha

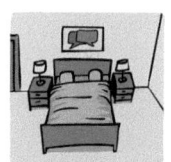

спаваћа соба

quarto de dormir

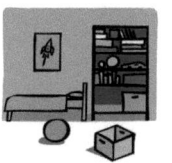

дечија соба

quarto de criança

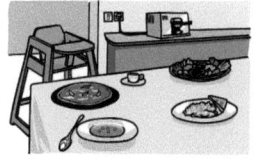

трпезарија

sala de jantar

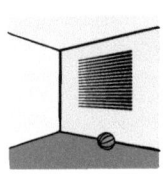

под

chão

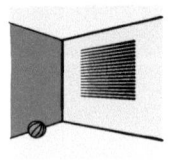

зид

parede

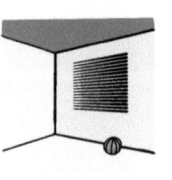

строп

teto

подрум

porão

сауна

sauna

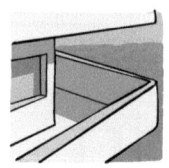

балкон

varanda

тераса

terraço

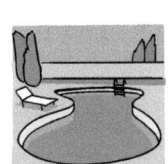

базен

piscina

косилица за траву

cortador de grama

постељина за кревет

lençol

дека за кревет

coberta

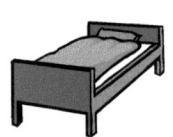

кревет

cama

метла

vassoura

канта

balde

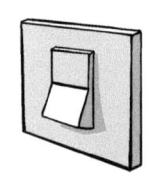

прекидач

interruptor

дневна соба
sala de estar

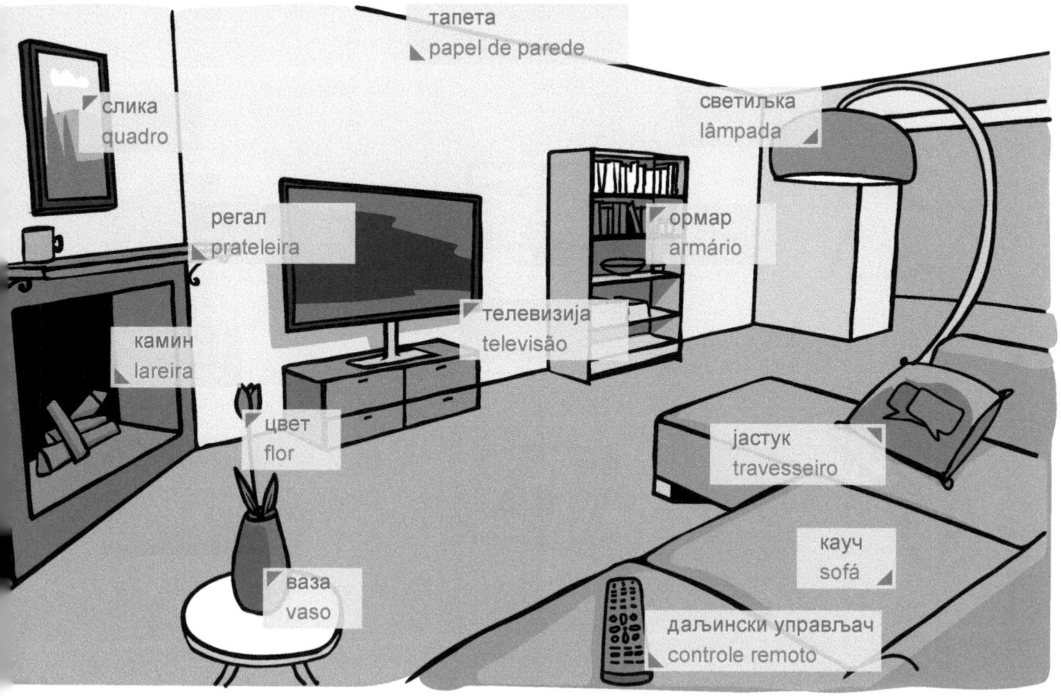
тапета
papel de parede
слика
quadro
светиљка
lâmpada
регал
prateleira
ормар
armário
телевизија
televisão
камин
lareira
цвет
flor
јастук
travesseiro
кауч
sofá
ваза
vaso
даљински управљач
controle remoto

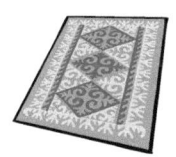

тепих

tapete

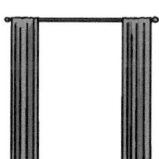

завеса

cortina

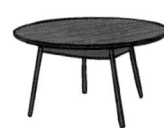

сто

mesa

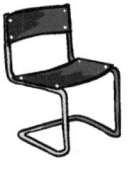

столица

cadeira

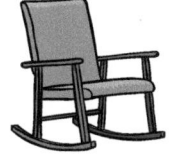

столица за њихање

cadeira de balanço

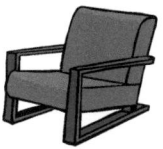

фотеља

poltrona

књига

livro

дека

cobertor

декорација

decoração

дрво за огрев

lenha

филм

filme

хи-фи уређај

equipamento de som

кључ

chave

новине

jornal

слика на платну

pintura

постер

pôster

радио

rádio

блок за писање

bloco de notas

усисивач

aspirador

кактус

cacto

свећа

vela

кухиња
cozinha

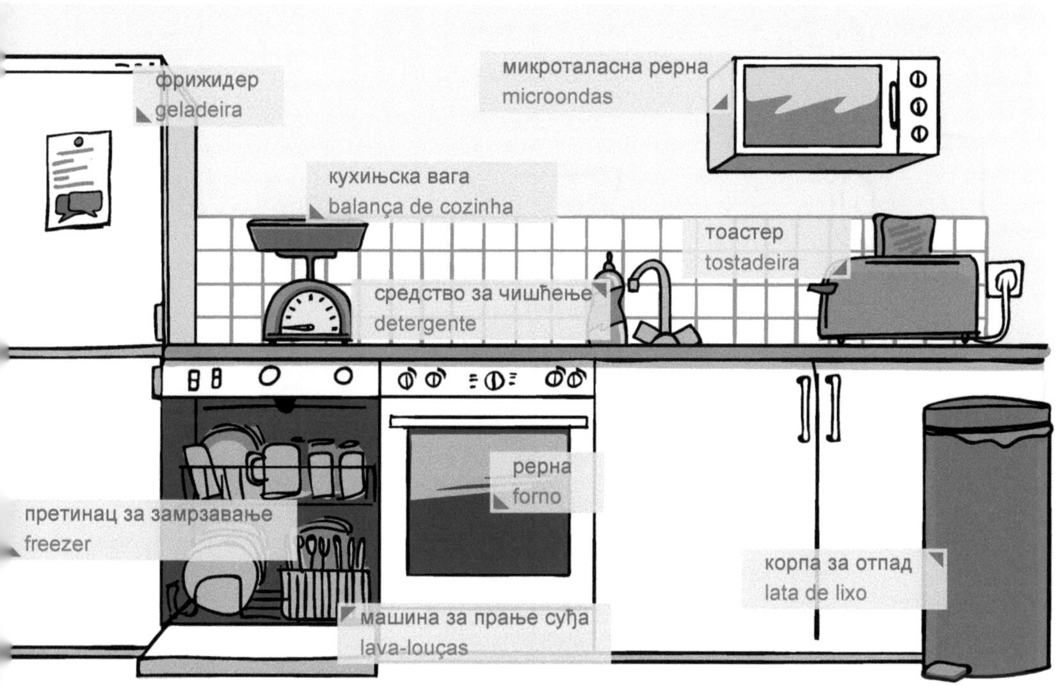

фрижидер
geladeira
микроталасна рерна
microondas
кухињска вага
balança de cozinha
тоастер
tostadeira
средство за чишћење
detergente
рерна
forno
претинац за замрзавање
freezer
корпа за отпад
lata de lixo
машина за прање суђа
lava-louças

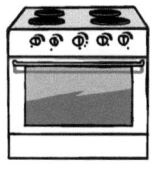

шпорет

fogão

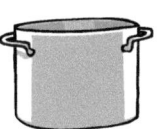

лонац

panela

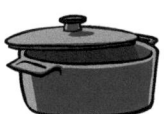

гвоздени лонац

panela de ferro

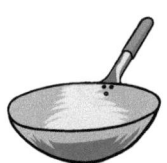

вок / кадаи

wok / kadai

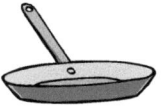

тава

frigideira

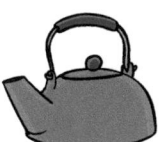

кувало за воду

chaleira

кувало на пару

panela a vapor

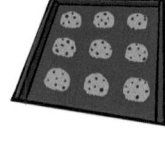

лим за печење

tabuleiro de forno

посуђе

louça

чаша

caneca

посуда

caçarola

штапићи за јело

hashi

кутлача

concha de sopa

лопатица

espátula

пењача

batedor

сито за кување

escorredor

сито

peneira

рибеж

ralador

мужар

almofariz

роштиљ

churrasqueira

огњиште

lareira

даска

tábua de cortar

оклагија

rolo da massa

вадичеп

saca-rolhas

конзерва

lata

отварач конзерви

abridor de latas

крпа за лонац

pegador de panela

судопер

pia

четка

escova

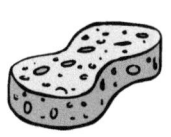

сунђер

esponja

миксер

liquidificador

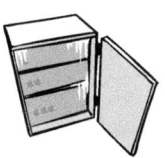

замрзивач

congelador

флашица за бебе

mamadeira

славина за воду

torneira

купаоница
banheiro

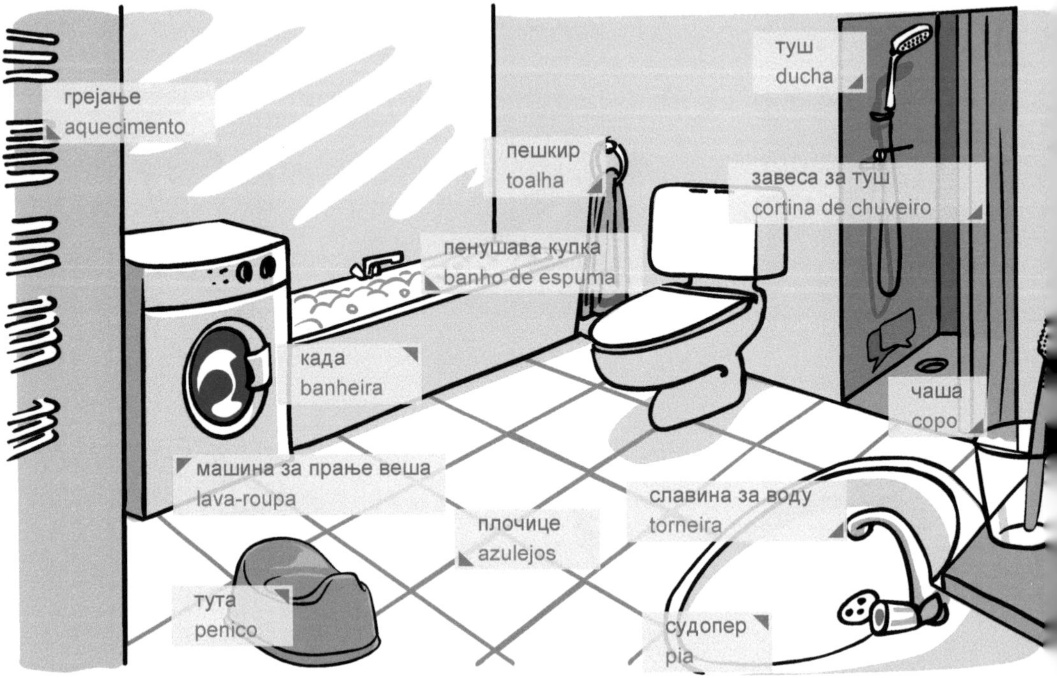

туш
ducha

грејање
aquecimento

пешкир
toalha

завеса за туш
cortina de chuveiro

пенушава купка
banho de espuma

када
banheira

чаша
copo

машина за прање веша
lava-roupa

славина за воду
torneira

плочице
azulejos

тута
penico

судопер
pia

тоалет
vaso sanitário

чучавац
lavabo de agachar

бидет
bidê

писоар
mictório

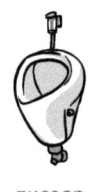

тоалетни папир
papel higiênico

четка за тоалет
escova de privada

четкица за зубе

escova de dentes

паста за зубе

pasta de dentes

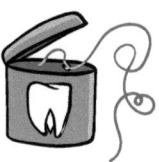

конац за зубе

fio dental

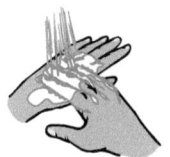

прати

lavar

туш ручица

ducha de mão

туш за прање интимних делова

ducha íntima

лавор

bacia

четка за прање леђа

escova para as costas

сапун

sabonete

гел за туширање

gel de banho

шампон

xampu

крпа за прање

toalha de rosto

одвод

escoamento

крема

creme

дезодоранс

desodorante

огледало

espelho

козметичко огледало

espelho de mão

бријач

barbeador

пена за бријање

espuma de barbear

лосион за после бријања

loção pós-barba

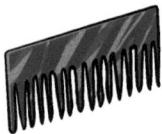

чешаљ

pente

четка

escova

фен за косу

secador de cabelo

спреј за косу

spray de cabelo

шминка

maquiagem

руж за усне

batom

лак за нокте

esmalte de unhas

вата

algodão

маказе за нокте

tesoura para unhas

парфем

perfume

козметичка торбица

nécessaire

столица

banquinho

вага

balança

огртач

roupão de banho

рукавице за чишћење

luvas de borracha

тампон

absorvente interno

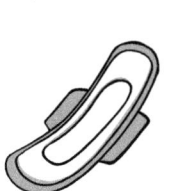

уложак

absorvente íntimo

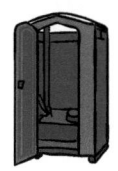

хемијски тоалет

banheiro químico

дечија соба
quarto de criança

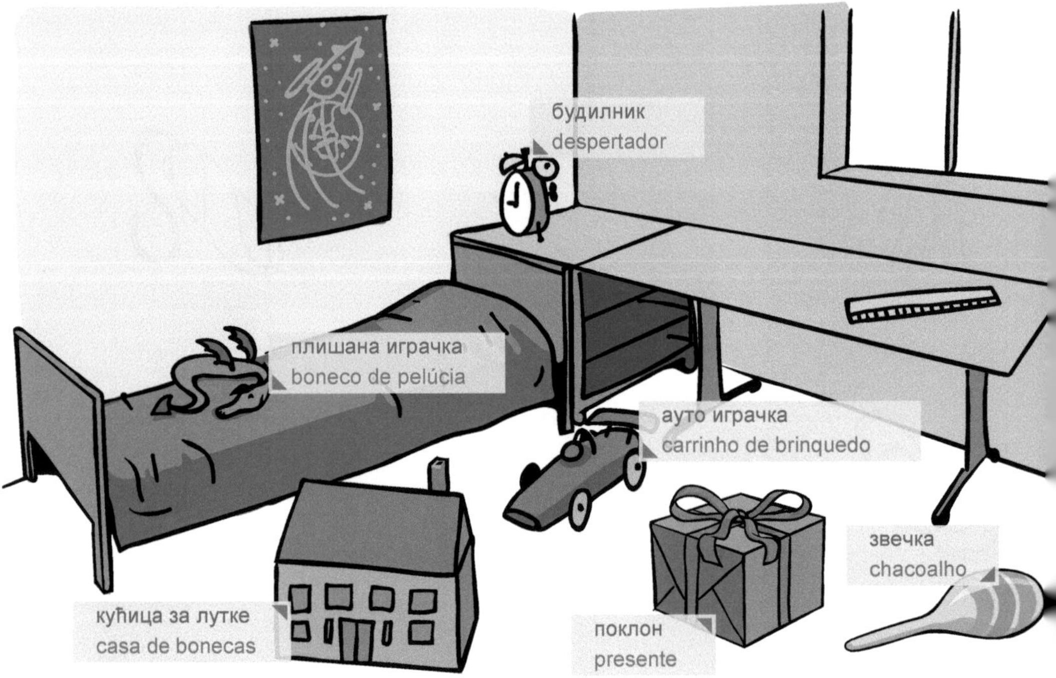

будилник
despertador
плишана играчка
boneco de pelúcia
ауто играчка
carrinho de brinquedo
звечка
chacoalho
кућица за лутке
casa de bonecas
поклон
presente

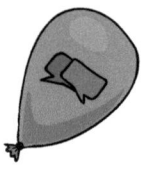

балон
balão

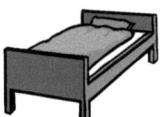

кревет
cama

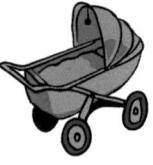

дјечија колица
carrinho de bebê

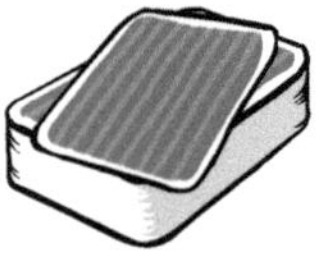
игра са картама
jogo de cartas

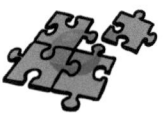

слагалица
quebra-cabeças

SUPER MEGA

стрип
revista de quadrinhos

лего коцкице

peças de Lego

коцкице за слагање

blocos de construção

акциони јунак

figura de ação

бенкица за бебе

macaquinho de bebê

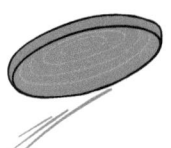

фризби

frisbee

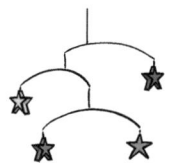

висеће играчке

móbile para bebé

друштвене игре

jogo de tabuleiro

коцка

dados

минијатурна жељезница

trenzinho elétrico

дуда

chupeta

забава

festa

сликовница

livro ilustrado

лопта

bola

лутка

boneca

играти

brincar

пешчаник

caixa de areia

љуљачка

balanço

играчка

brinquedos

конзола за игре

videogame

трицикл

triciclo

теди

ursinho de pelúcia

ормар

guarda-roupa

одећа

vestuário

кратке чарапе

meias

чарапе

meias pelo joelho

хулахопке

meias-calças

шал
cachecol

кишобран
guarda-chuva

каиш
cinto

мајица
camiseta

чизме
botas

папуче
chinelos

патике
tênis

сандале
....
sandálias

ципеле
....
sapatos

гумене чизме
....
botas de borracha

гаћице
....
roupa de baixo

грудњак
....
sutiã

поткошуља
....
camiseta de baixo

боди

body

панталоне

calças

фармерке

jeans

сукња

saia

блуза

blusa

кошуља

camisa

џемпер

pulôver

џемпер с капуљачом

suéter com capuz

сако

blazer

јакна

jaqueta

мантил

casaco

кабаница

gabardine

костим

traje

хаљина

vestido

венчаница

vestido de casamento

одело

terno

спаваћица

camisola

пиџама

pijama

сари

sari

марама за главу

lenço de cabeça

турбан

turbante

бурка

burca

кафтан

cafetã

абаја

abaya

купаћи костим

maiô

купаће гаћице

sunga

кратке панталоне

shorts

одећа за тренинг

roupa de treino

кецеља

avental

рукавице

luvas

дугме

botão

наочаре

óculos

наруквица

pulseira

огрлица

colar

прстен

anel

наушница

brinco

капа

boné

вешалица

cabide

шешир

chapéu

кравата

gravata

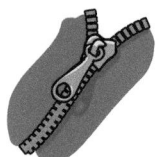

патент затварач

zíper

кацига

capacete

нараменице

suspensórios

школска униформа

uniforme escolar

униформа

uniforme

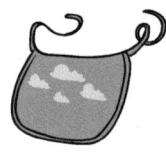

подбрадак

babador

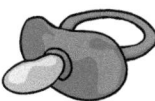

дуда

chupeta

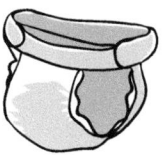

пелена

fralda

канцеларија
escritório

сервер
servidor
ормар за списе
armário de arquivos
штампач
impressora
папир
papel
монитор
monitor
писаћи стол
escrivaninha
миш
mouse
мапа
pasta
тастатура
teclado
кошара за папир
cesto de lixo
столица
cadeira
компјутер
computador

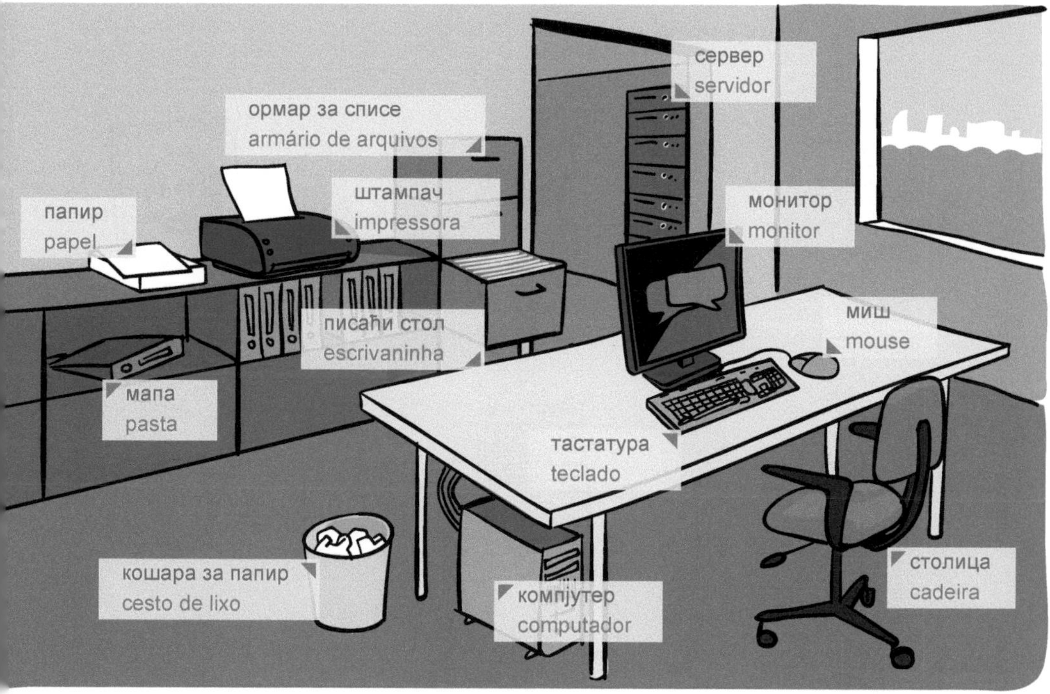

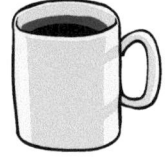

шалица за каву

xícara de café

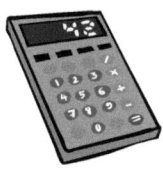

калкулатор

calculadora

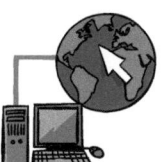

интернет

internet

лаптоп

laptop

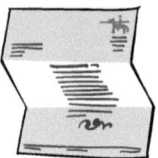

писмо

carta

порука

mensagem

мобилни телефон

celular

мрежа

rede

уређај за копирање

copiadora

софтвер

software

телефон

telefone

утичница

tomada

факс

fax

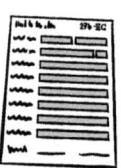

формулар

formulário

документ

documento

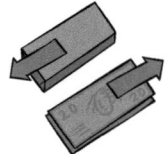

куповати

comprar

платити

pagar

трговати

negociar

новац

dinheiro

долар

Dólar

евро

Euro

јен

Yen

рубља

rublo

швајцарски франак

franco suíço

ренминдби јуан

renminbi yuan

рупија

rupia

аутомат за новац

caixa eletrônico

мењачница

casa de câmbio

злато

ouro

сребро

prata

нафта

petróleo

енергија

energia

цена

preço

уговор

contrato

порез

imposto

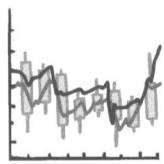

деонице

ação

радити

trabalhar

службеник

empregado

послодавац

empregador

фабрика

fábrica

продавница

loja

занимања
profissões

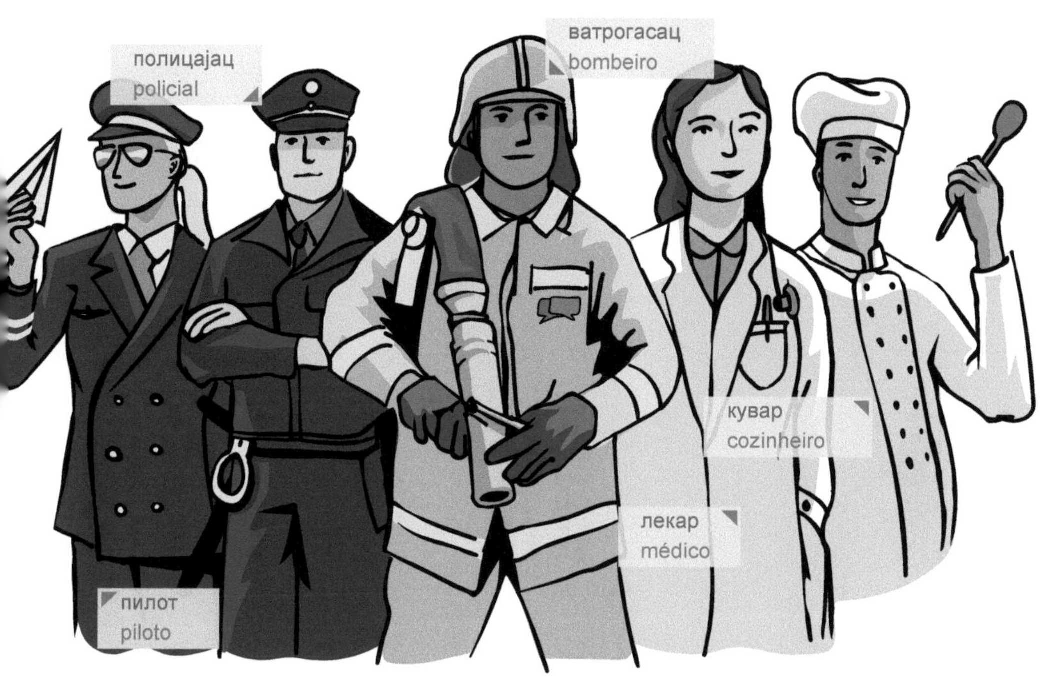
ватрогасац
bombeiro
полицајац
policial
кувар
cozinheiro
лекар
médico
пилот
piloto

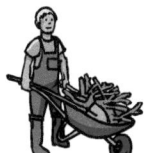

вртлар

jardineiro

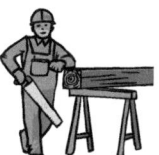

столар

marceneiro

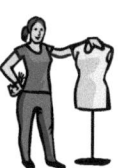

кројачица

costureira

судија

juiz

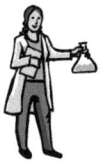

хемичар

químico

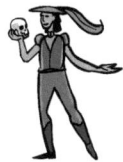

глумац

ator

возач аутобуса

motorista de ônibus

возач таксија

motorista de táxi

рибар

pescador

чистачица

faxineira

кровопокривач

telhador

конобар

garçom

ловац

caçador

сликар

pintor

пекар

padeiro

електричар

eletricista

грађевински радник

construtor

инжењер

engenheiro

месар

açougueiro

лимар

encanador

поштар

carteiro

војник

soldado

архитекта

arquiteto

благајник

caixa

цвећар

florista

фризер

cabelereiro

кондуктер

condutor

механичар

mecânico

капетан

capitão

зубар

dentista

научник

cientista

раби

rabino

имам

imam

монах

monge

свећеник

pastor

алати
ferramentas

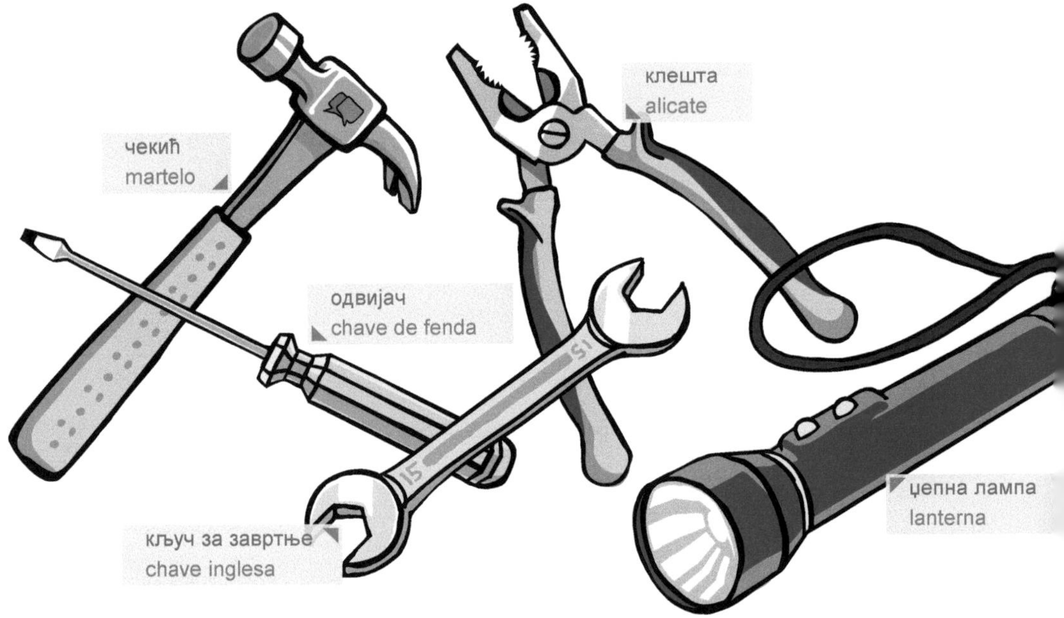
клешта
alicate
чекић
martelo
одвијач
chave de fenda
кључ за завртње
chave inglesa
ћепна лампа
lanterna

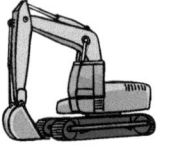

багер

escavadora

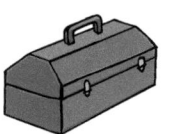

кутија за алат

caixa de ferramentas

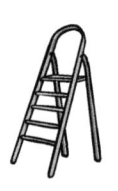

мердевине

escada de mão

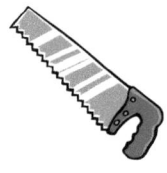

пила

serra

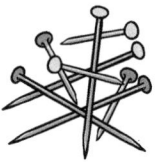

ексер

pregos

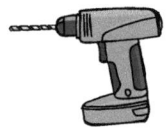

бушилица

furadeira

поправити

consertar

лопата

pá

до ђавола!

Droga!

лопатица

pá de lixo

лонац за боју

pote de tinta

завртањи

parafusos

музички инструмент
instrumentos musicais

бубњеви
bateria

звучник
alto-falante

гитара
guitarra

контрабас
contrabaixo

труба
trompete

клавир

piano

виолина

violino

бас

baixo

тимпани

timbales

удараљке за бубњеве

tambor

типке клавира

teclado

саксофон

saxofone

флаута

flauta

микрофон

microfone

зоолошки врт

zoológico

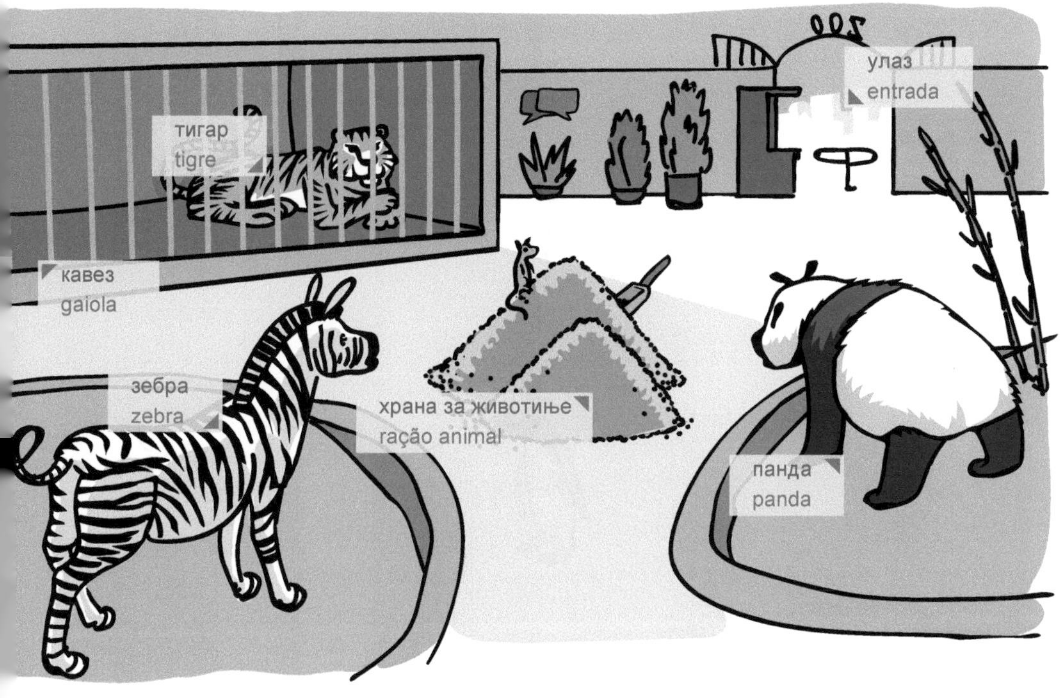

улаз
entrada
тигар
tigre
кавез
gaiola
зебра
zebra
храна за животиње
ração animal
панда
panda

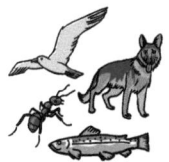

животиње

animais

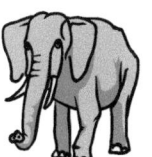

слон

elefante

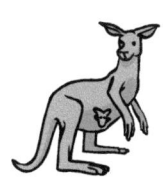

кенгур

canguru

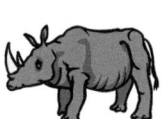

носорог

rinoceronte

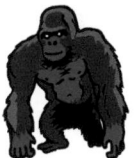

горила

gorila

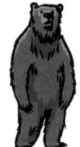

медвед

urso

камила

camelo

нoj

avestruz

лав

leão

мајмун

macaco

фламинго

flamingo

папагај

papagaio

поларни медвед

urso polar

пингвин

pinguim

ајкула

tubarão

паун

pavão

змија

cobra

крокодил

crocodilo

чувар у зоолошком врту

guarda do zoológico

туљан

foca

јагуар

jaguar

пони

pônei

леопард

leopardo

нилски коњ

hipopótamo

жирафа

girafa

орао

águia

дивља свиња

javali

риба

peixe

корњача

tartaruga

морж

morsa

лисица

raposa

газела

gazela

амерички ногомет
futebol americano

бициклизам
ciclismo

тенис
tênis

кошарка
basquete

пливање
natação

бокс
boxe

хокеј на леду
hóquei no gelo

фудбал
futebol

бадминтон
badminton

атлетика
atletismo

рукомет
handebol

скијање
esqui

поло
polo

активности
atividades

смејати се
rir
скочити
pular
загрлити
abraçar
ићи
andar
певати
cantar
сањати
sonhar
молити се
rezar
пољубити
beijar

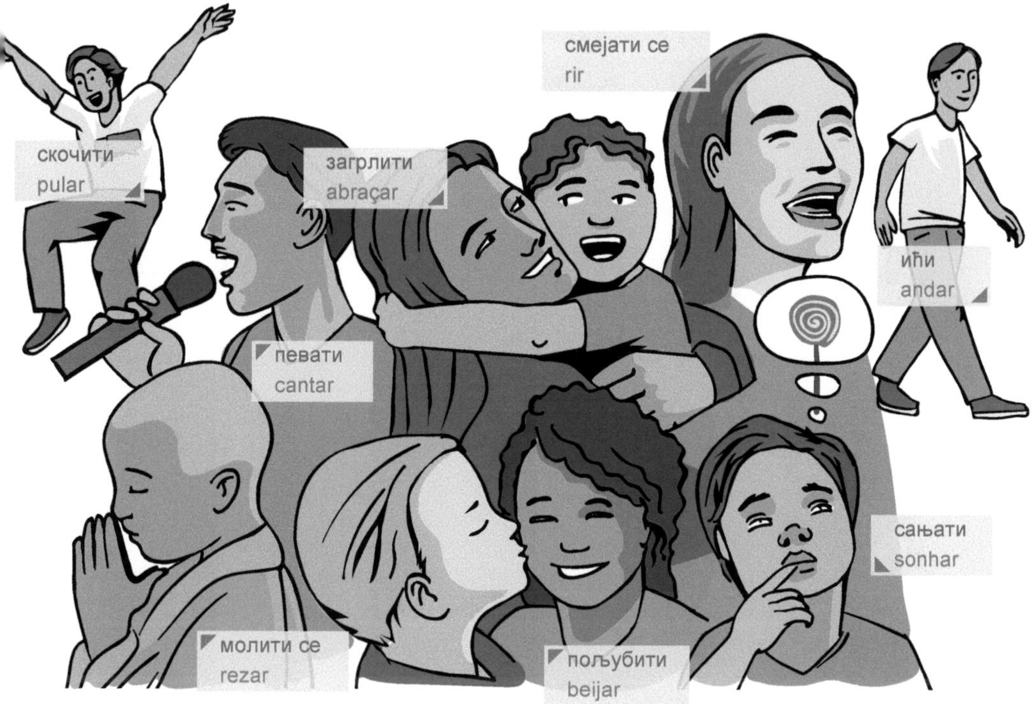

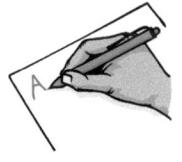

писати

escrever

цртати

desenhar

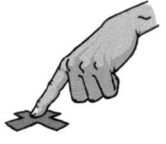

показати

mostrar

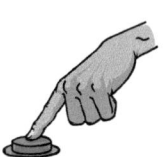

гурати

empurrar

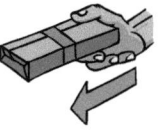

дати

dar

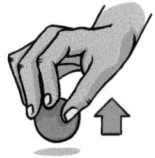

узети

tomar

имати

ter

чинити

fazer

бити

ser

стојати

ficar de pé

трчати

correr

повлачити

puxar

бацити

jogar

падати

cair

лежати

deitar

чекати

esperar

носити

carregar

седити

sentar

облачити

vestir

спавати

dormir

пробудити се

despertar

гледати

olhar para

плакати

chorar

миловати

acariciar

чешљати

pentear

говорити

falar

разумети

entender

питати

perguntar

слушати

ouvir

пити

beber

јести

comer

поспремити

arrumar

волети

amar

кухати

cozinhar

возити

dirigir

летети

voar

пловити

velejar

рачунати

calcular

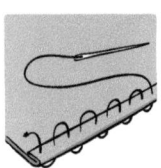

читати

ler

учити

aprender

радити

trabalhar

венчати се

casar

шити

costurar

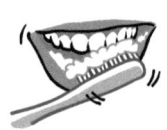

прати зубе

escovar os dentes

убити

matar

пушити

fumar

послати

enviar

породица
família

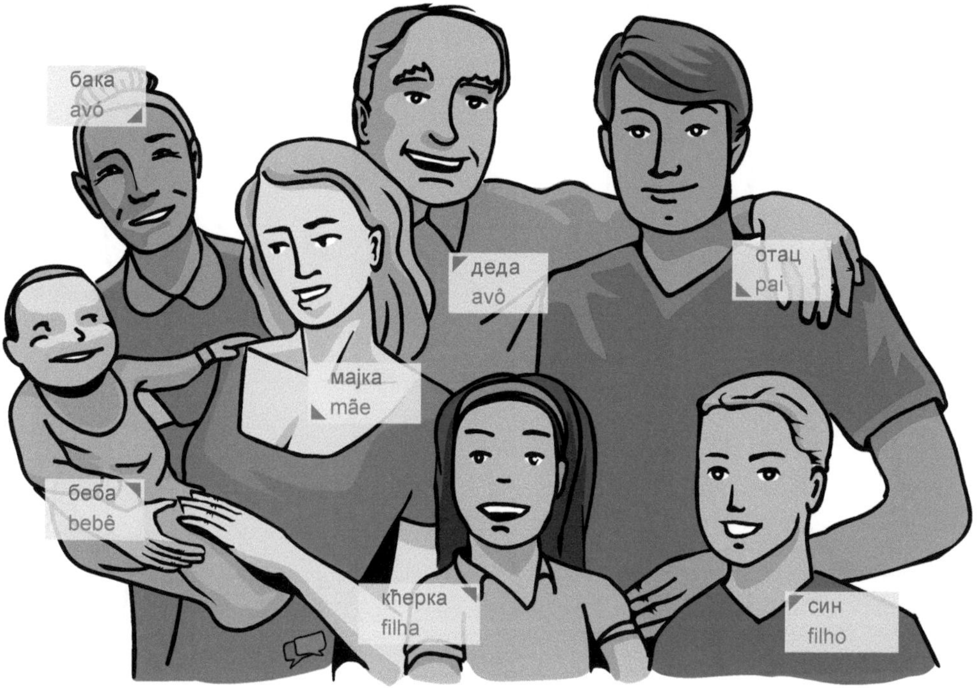

бака
avó
деда
avô
отац
pai
мајка
mãe
беба
bebê
кћерка
filha
син
filho

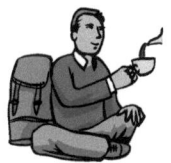

гост
convidado

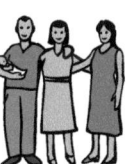

тетка
tia

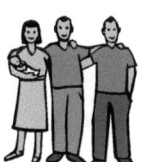

ујак, стриц
tio

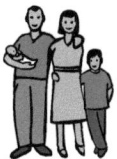

брат
irmão

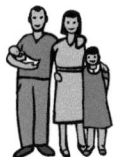

сестра
irmã

тело

corpo

чело
testa
око
olho
раме
ombro
прст
dedo
лице
rosto
брада
queixo
рука
mão
нога
perna
груди
peito
рука
braço

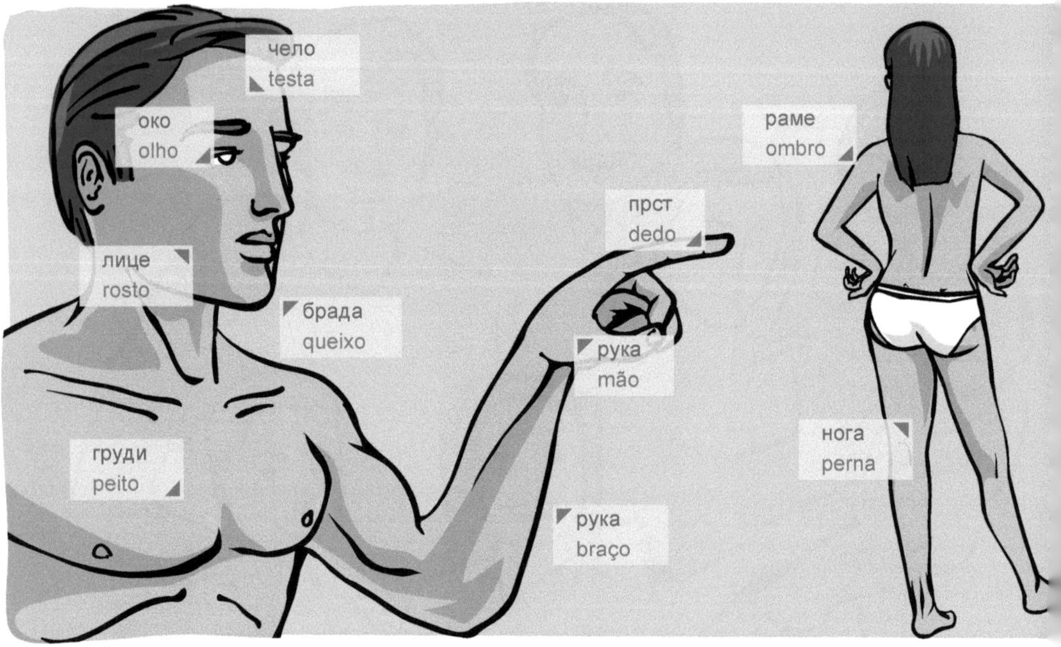

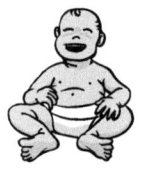

беба

bebê

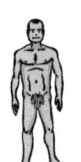

мушкарац

homem

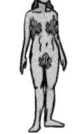

жена

mulher

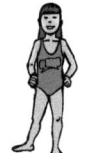

девојчица

menina

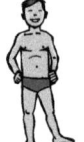

дечак

menino

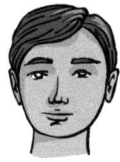

глава

cabeça

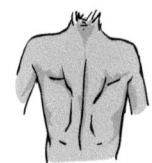

леђа
costas

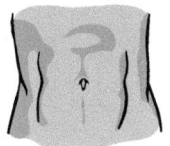

стомак
barriga

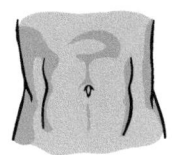

пупак
umbigo

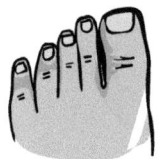

ножни прст
dedo do pé

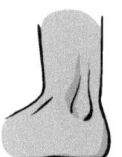

пета
calcanhar

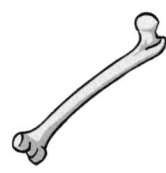

кост
osso

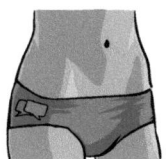

кукови
anca

колено
joelho

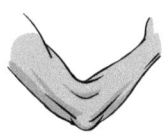

лакат
cotovelo

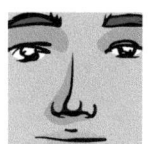

нос
nariz

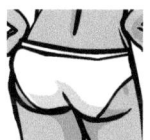

задњица
nádegas

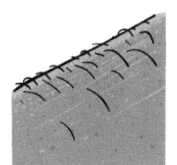

кожа
pele

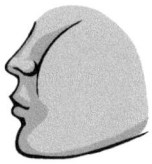

образ
bochecha

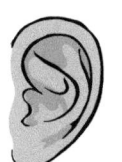

уво
orelha

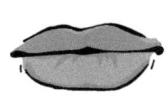

усна
lábio

тело - corpo

уста

boca

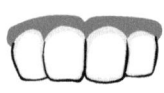

зуб

dente

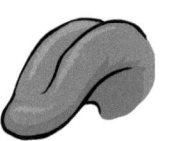

језик

língua

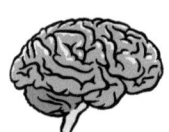

мозак

cérebro

срце

coração

мишић

músculo

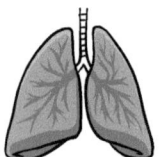

плућа

pulmão

јетра

fígado

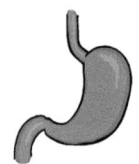

желудац

estômago

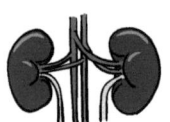

бубрези

rins

полни однос

relações sexuais

кондом

preservativo

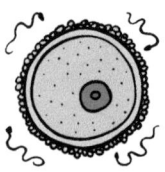

јајна ћелија

óvulo

сперма

esperma

трудноћа

gravidez

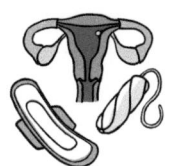

менструација
....
menstruação

вагина
....
vagina

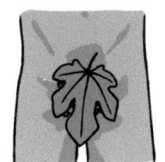

пенис
....
pênis

обрва
....
sobrancelha

коса
....
cabelo

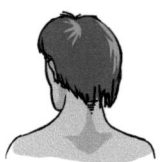

врат
....
pescoço

болница
hospital

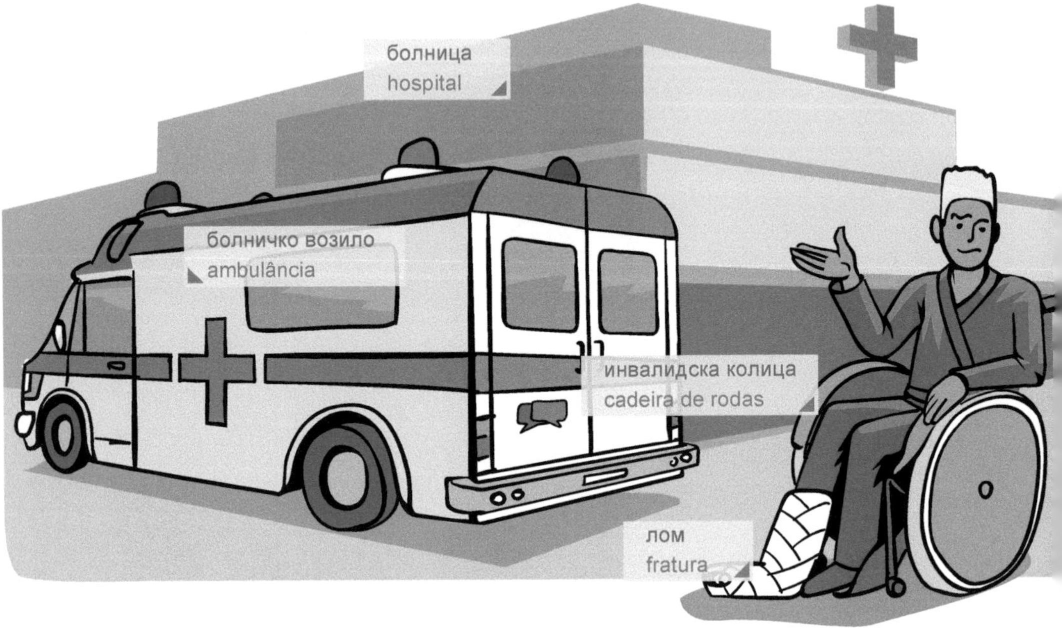

болница
hospital
болничко возило
ambulância
инвалидска колица
cadeira de rodas
лом
fratura

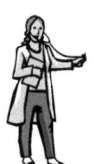

лекар

médico

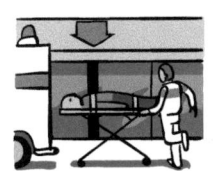

хитна медицинска служба

pronto-socorro

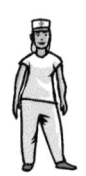

медицинска сестра

enfermeira

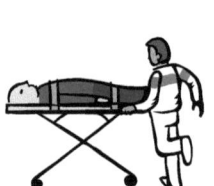

хитни случај

emergência

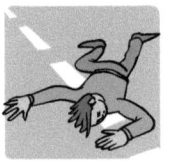

несвест

inconsciente

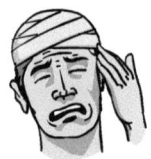

бол

dor

повреда

ferimento

крварење

hemorragia

срчани удар

ataque cardíaco

удар

acidente vacular cerebral

алергија

alergia

кашаљ

tosse

грозница

febre

грипа

gripe

пролив

diarreia

главобоља

dor de cabeça

рак

câncer

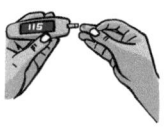

дијабетес

diabetes

хирург

cirurgião

скалпел

bisturi

операција

operação

цт

CT

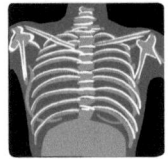

рентген

raio x

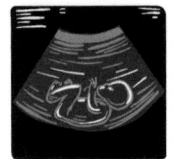

ултразвук

ultrassom

маска

máscara

болест

doença

чекаона

sala de espera

штака

muleta

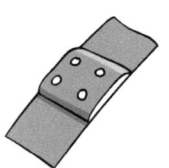

фластер

bandeide

завој

ligadura

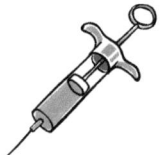

иньекција

injeção

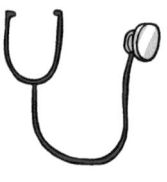

стетоскоп

estetoscópio

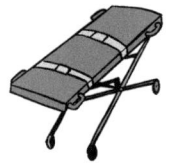

носила

maca

термометар

termômetro

рођење

nascimento

прекомерна тежина

excesso de peso

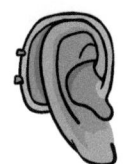

слушни апарат

aparelho auditivo

средство за дезинфекцију

desinfetante

инфекција

infecção

вирус

vírus

хив / аидс

HIV / AIDS

медицина

medicamento

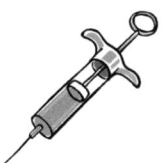

вакцинација

vacinação

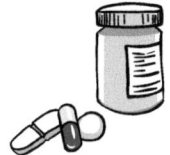

таблете

comprimidos

пилула

pílula

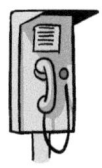

хитни позив

hamada de emergência

уређај за мерење притиска

dispositivo de medição de pressão arterial

болесно / здраво

doente / saudável

помоћ!

Socorro!

аларм

alarme

насртај

assalto

напад

ataque

опасност

perigo

излаз у случају нужде

saída de emergência

пожар!

Fogo!

противпожарни апарат

extintor de incêndios

незгоца

acidente

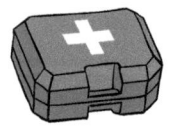

кутија прве помоћи

maleta de primeiros socorros

сос

SOS

полиција

polícia

Европа

Europa

Северна Америка

América do Norte

Јужна Америка

América do Sul

Африка

África

Азија

Ásia

Аустралија

Austrália

Атлантик

Atlântico

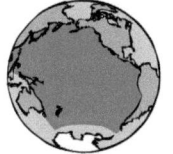

Пацифик

Pacífico

Индијски океан

Oceano Índico

Антарктички океан

Oceano Antártico

Арктички океан

Oceano Ártico

Северни рол

Polo Norte

Јужни рол

Polo Sul

Антарктик

Antártica

земља

Terra

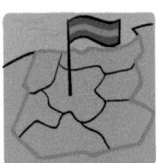

земља

terra

море

mar

оток

ilha

нација

nação

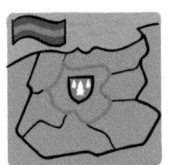

држава

estado

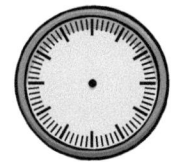

бројчаник сата

mostrador do relógio

сатна казаљка

ponteiro das horas

минутна казаљка

ponteiro dos minutos

секундна казаљка

ponteiro dos segundos

Колико је сати?

Que horas são?

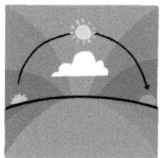

дан

dia

време

tempo

сада

agora

дигитални сат

relógio digital

минута

minuto

час

hora

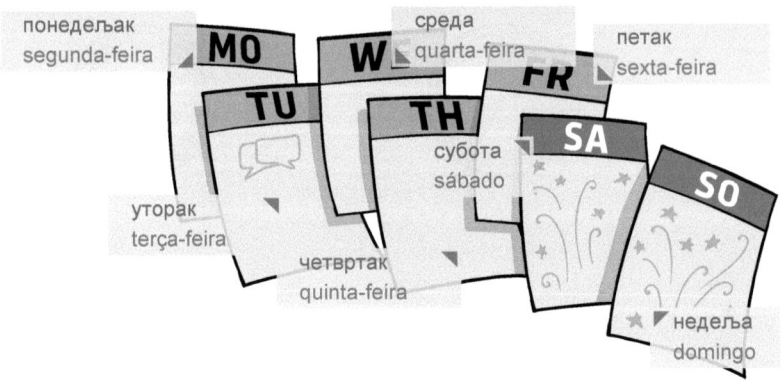

понедељак
segunda-feira

среда
quarta-feira

петак
sexta-feira

уторак
terça-feira

четвртак
quinta-feira

субота
sábado

недеља
domingo

јуче

ontem

данас

hoje

сутра

amanhã

јутро

manhã

подне

meio-dia

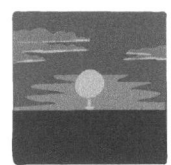

вече

entardecer

радни дани

dias úteis

викенд

fim de semana

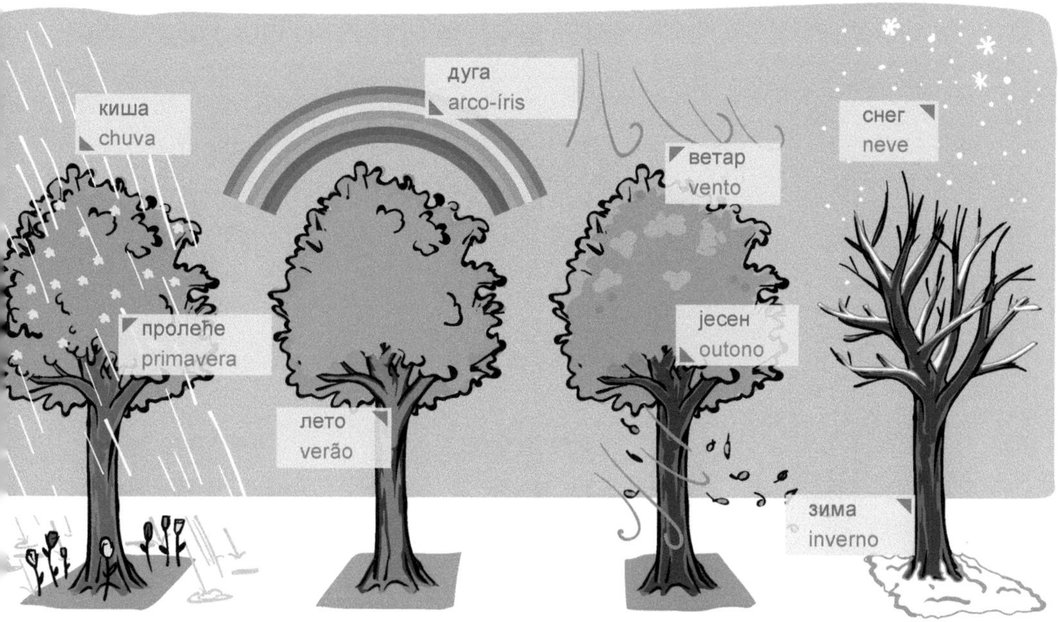

киша
chuva
дуга
arco-íris
ветар
vento
снег
neve
пролеће
primavera
лето
verão
јесен
outono
зима
inverno

4.APRIL 11°
5.APRIL 4°
6.APRIL 13°
7.APRIL 8°
8.APRIL 10°

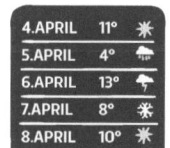

етеоролошка прогноза

previsão do tempo

F
C
120
90
60
30
0
-30
40
30
20
10
0
-10
-20

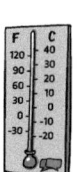

термометар

termômetro

сунчана светлост

raio de sol

облак

nuvem

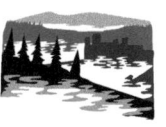

магла

neblina / nevoeiro

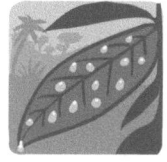

влажност ваздуха

umidade do ar

муња

relâmpago

грмљавина

trovão

олуја

tempestade

туча

granizo

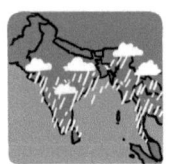

монсун

monção

поплава

inundação

лед

gelo

јануар

janeiro

фебруар

fevereiro

март

março

април

abril

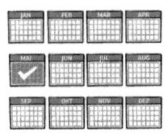

мај

maio

јуни

junho

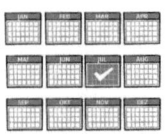

јули

julho

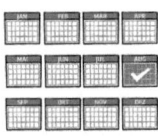

август

agosto

година - ano

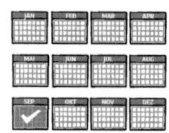

септембар
setembro

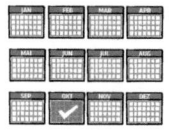

октобар
outubro

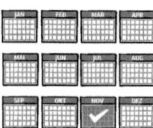

новембар
novembro

децембар
dezembro

облици
formas

круг
círculo

квадрат
quadrado

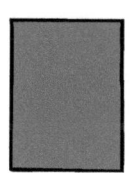

правоугао
retângulo

троугао
triângulo

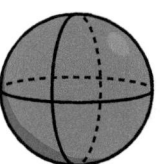

кугла
esfera

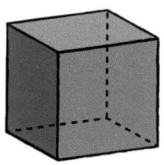

коцка
cubo

бела

branco

жута

amarelo

наранџаста

laranja

ружичаста

rosa

црвена

vermelho

љубичаста

lilás

плава

azul

зелена

verde

смеђа

marrom

сива

cinza

црна

preto

много / мало

muito / pouco

љутито / мирно

furioso / tranquilo

лепо / ружно

lindo / feio

почетак / крај

começo / fim

велико / малено

grande / pequeno

светло / тамно

claro / escuro

брат / сестра

irmão / irmã

чисто / прљаво

limpo / sujo

потпуно / непотпуно

completo / incompleto

дан / ноћ

dia / noite

мртво / живо

morto / vivo

широко / уско

largo / estreito

јестиво / нејестиво

comestível / não comestível

зло / добро

mau / gentil

узбуђено / досадно

entusiasmado / entediado

дебело / мршаво

gordo / magro

на почетку / на крају

primeiro / último

пријатељ / непријатељ

amigo / inimigo

пуно / празно

cheio / vazio

тврдо / мекано

duro / macio

тешко / лагано

pesado / leve

глад / жеђ

fome / sede

болесно / здраво

doente / saudável

илегално / легално

ilegal / legal

паметно / глупо

inteligente / idiota

лево / десно

esquerda / direita

близу / далеко

perto / longe

ново / половно

novo / usado

ништа / нешто

nada / alguma coisa

старо / младо

velho / jovem

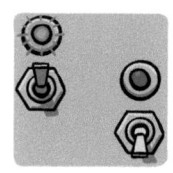

укључено / искључено

ligado / desligado

отворено / затворено

aberto / fechado

тихо / гласно

baixo / alto

богато / сиромашно

rico / pobre

тачно / погрешно

certo / errado

храпаво / глатко

áspero / liso

тужно / сретно

triste / feliz

кратко / дуго

curto / longo

полако / брзо

lento / rápido

мокро / сухо

molhado / seco

топло / хладно

ameno / fresco

рат / мир

guerra / paz

0

нула

zero

1

један

um

2

два

dois

3

три

três

4

четири

quatro

5

пет

cinco

6

шест

seis

7

седам

sete

8

осам

oito

9

девет

nove

10

десет

dez

11

једанаест

onze

12

дванаест

doze

13

тринаест

treze

14

четрнаест

quatorze

15

петнаест

quinze

16

шестнаест

dezesseis

17

седамнаест

dezessete

18

осамнаест

dezoito

19

деветнаест

dezenove

20

двадесет

vinte

100

стотину

cem

1.000

хиљаду

mil

1.000.000

милион

milhão

енглески

inglês

амерички енглески

inglês americano

мандарински кинески

chinês mandarim

хиндски

hindi

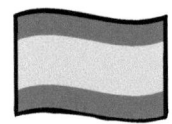

шпански

espanhol

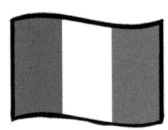

француски

francês

арапски

árabe

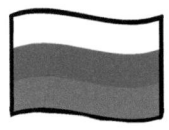

руски

russo

португалски

português

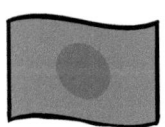

бенгалски

bengalês

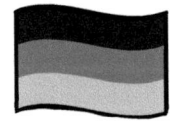

немачки

alemão

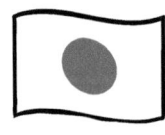

јапански

japonês

ja

eu

ти

você

он / она / оно

ele / ela

ми

nós

ви

vocês

они

eles / elas

Ко?

quem?

Шта?

O quê?

Како?

como?

Где?

onde?

Када?

Quando?

име

nome

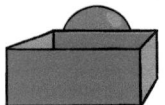

иза

atrás

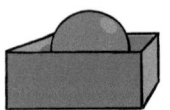

у

em

испред

na frente de

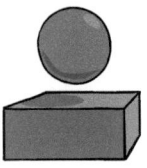

преко

sobre

на

em cima

испод

debaixo

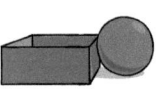

поред

do lado

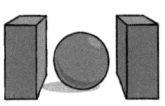

између

entre

место

lugar